La CREACIÓN de DiOS tan COLORiDA

· ESCRITO POR ·
Tim Thornborough

· ILUSTRADO POR ·
Jennifer Davison

GRUPO NELSON
Desde 1798

¿Cuántos colores del arcoíris puedes nombrar? Hay siete. Pero, en realidad, también hay muchos, muchos más colores en el arcoíris, porque hay muchísimas clases distintas de azul, verde, amarillo y rojo.

Y cada uno de esos colores tiene un nombre diferente: azul celeste, azul marino, azul oscuro y muchos más.

Este libro habla de cómo Dios creó su mundo tan bueno y maravilloso, con todos los colores del arcoíris y muchísimos más. Mientras lees las palabras, intenta señalar los distintos colores en la página y descubre muchos nombres diferentes para todas las tonalidades fantásticas que hay en el mundo tan bueno y maravilloso de Dios.

© 2022 por Grupo Nelson. Publicado en Nashville, Tennessee, Estados Unidos de América. Grupo Nelson es una marca registrada de Thomas Nelson. www.gruponelson.com

Título en inglés: God's Very Colourful Creation
© 2021, 2022 por The Book Company. Contenido: Tim Thornborough. Ilustraciones: Jennifer Davison. Dirección de arte y diseño: André Parker

Traducción: Gabriela De Francesco. Adaptación del diseño al español: Mauricio Díaz

ISBN: 978-1-40023-933-7 / eBook: 978-1-40023-934-4
Número de control de la Biblioteca del Congreso: 2022934237

Impreso en Corea
22 23 24 25 26 SAM 9 8 7 6 5 4 3 2 1

En el principio, Dios creó
los cielos y la tierra.

Todo estaba oscuro,
pero el Espíritu de Dios estaba allí,
preparándose para hacer algo maravilloso.

Y Dios dijo:
«Que haya... »

¡LUZ!

La luz era...

brillante y centelleante,
radiante y resplandeciente,
reluciente y deslumbrante.

Y la oscuridad era...
negra,
sombría
y profunda.

Y el segundo día,
Dios hizo el cielo
y el mar.

El cielo era
azul celeste y grisáceo,
azul lavanda y azul perlado,
celeste pálido y azul oscuro.

Y el mar era
verde azulado y turquesa,
aguamarina y azul de ultramar,
y a veces verdemar y gris.

Y al tercer día,
Dios hizo aparecer la tierra seca.

Era marrón y castaño claro,
de color caoba y cacao,
con tonos bronceados y grisáceos.

Y las montañas gigantescas y majestuosas
eran grises como el granito, y púrpuras y rojizas,
con pintitas de oro y plata, rubí y esmeralda,
y diamantes que brillaban y centelleaban.

Y Dios le dijo a la tierra
que hiciera brotar plantas,
y la tierra así lo hizo.

Había hojas
verdes y amarillas,
de color dorado y escarlata.

Flores y frutas
anaranjadas y rosadas
y color cereza y ciruela
y durazno y manzana.

«Esto es bueno», dijo Dios.
«Es muy, pero muy bueno».

Y al cuarto día,
Dios hizo que el sol brillara
con tonos dorados y amarillos
resplandecientes.

Y por la noche,
la luna alumbraba
con una luz gris y fría.

Y Dios llenó el espacio
de estrellas y galaxias.

Gigantes rojas y enanas blancas.
Nebulosas como un remolino,
llenas de colores magenta, ocre y
violeta.

«Esto es bueno», dijo Dios.
«Es muy, pero muy bueno».

Y al quinto día,
Dios llenó el mar
de criaturas fantásticas.

Peces dorados y salmones rosados.

Medusas coloridas y atunes de aleta amarilla.

Dios también creó pulpos
y sepias que podían cambiar
de color cuando quisieran.

El cielo cobró vida con el sonido
de las alas que se agitaban.

Faisanes dorados y azulejos,
verderones y guacamayos rojos.

Libélulas y mariposas,
y pavos reales prácticamente perfectos.

Y el sexto día,
Dios habló y aparecieron los animales.

El oso pardo
y la araña viuda negra.

Cebras a rayas
y jirafas doradas.

Ciervos rojizos,
monos con la colita
rosada
y camaleones de
todos colores.

«Esto es bueno»,
dijo Dios.
«Es muy, pero muy bueno.
¡Aunque ya es hora
de lo mejor de todo!».

«Hagamos a las personas a
nuestra propia imagen», dijo Dios.

«Que crezcan y llenen la tierra».
Y Dios hizo hombres y mujeres,
con una variedad hermosa y magnífica.

Tendrían la piel en tonos
oscuro y marrón
y bronceado y rosa pálido.

Su cabello sería rojizo y rubio
y castaño y negro azabache.

«Ah, esto es bueno»,
dijo Dios.
«Es muy, pero muy bueno».

Dios bendijo su creación tan colorida,
una creación que era...

roja y naranja y
amarilla y verde y azul
y añil y violeta y rosada y
morada y dorada... ¡y de todos
los colores que puedas imaginar!

INCREÍBLE

GENIAL

Y al séptimo día,
Dios descansó y disfrutó
de la creación tan colorida
que había hecho.
¡Tú también la puedes
disfrutar!